Noches de olvidos y desvelos

MANDY CHORENS

COLECCIÓN
NUEVAS VOCES

BRIGHTSTARS
PUBLISHING & MEDIA

© Mandy Chorens, 2025

Portada: "La marca del soñador" © Jony Somoza
Fotografía: Mandy Chorens
Edición: Manuel Iglesias
Diseño: BrightstarsMediaArt

© Brightstars Publishing & Media. 2025
Colección Voces Nuevas
www.brightstarsmedia.com

Primera edición en español: marzo 2025
ISBN: 978-1-968878-00-9
Impreso en Estados Unidos de América

1

La vida: hojas en blanco a disposición
de ser escritas en tu propia piel.
La felicidad incompleta, el dolor intenso:
tus manos impotentes al narrar historias trilladas.

Mentiras que son verdades a conveniencias
y verdades convertidas en mentiras a razones de ignorantes.
Cuestiones olvidadas por la rapidez del tiempo insolente;
mágico verbo que aparece como un haz de luz sin ser llamado.

Pasan los días y el mal tiempo parece perdurar
entre los meses que pasan de largo,
y te preguntas: ¿acaso llegaré a redactar
una cuartilla de mi agridulce felicidad?

Quizás nos hemos engañado tanto tiempo,
que olvidamos contemplar la imperfección de nuestra naturaleza.
Olvidamos amar la hoja propia y sus pequeñas líneas divisorias
que, sin preámbulo alguno, cruzamos para continuar.

Papeles que rasgas sin pensar
y olvidas el tiempo que dejaste en él.
La humildad de mi plumilla,
que se detiene a contemplar
la magia del negro y la oscuridad del blanco.

Tratando de crecer
entre la bipolaridad del mundo
y la intermitente luz que aflora
ante tantas nostalgias,
invito al amor a acoplarse
junto a la paciencia que preciso
para amar mi propia alma, así tan cambiante.

Y nos abraza el olvido con insistencia:
la ineficiente cultura del aprendizaje
columpiándose en el umbral
del sombrío bosque del infierno,
siendo tan fácil evadir tanto mal.

2

3

Y si el arte viene de tus labios,
¿me conquistarías con la mesura
del viento vanidoso o la clandestina gota
del rocío de la noche?

¿Pensarías cubrir mi espalda
con tus manos temblorosas,
alejando de mí la fría soledad
que he cargado durante años?

¿Acaso la flor que sembré para ti
ya no te causa suspiros?
¿Y si le doy a la razón el placer de tenerte,
me dejarías robar tu pecho enajenado?

Quizás pudiera enamorarme de tu alma
si tan solo pudiera volverla a tocar.

Sólo espero tu amor distante y, si vienes, trae la lluvia,
tráeme el cielo y sus estrellas: yo prometeré darte la tierra,
sus manantiales, el canto de los pájaros silvestres.

¡Y si el sol te abraza en las mañanas frías,
quizás ya no te hagan falta mis abrazos, mis caricias!

Ya esperaré recorrer tu mismo camino,
pues hay atajos en cada sendero
que conducen al mismo destino.

Fuiste muy feliz a mi lado,
lograste comprender el comportamiento
inherente de las rosas.

Pudiste suspirar con el beso más sublime
que alguien pueda obsequiar
y te hiciste mariposa
con el calor de mis ceñidos abrazos.

Trataste de buscar arena en playas desiertas,
desafiantes fueron tus palabras
que hoy son ahogadas en tu llanto.

Quemadas fueron las historias
que en nuestra pieles existieron
y perdidos tus sueños que,
poco a poco, se extinguieron.

Te enseñé nuevos mundos,
y una vez conocidos
quisiste recorrerlos solo,
te sentías tan libre que terminaste
cayendo sin aún saber sus leyes.

Olvidaste que fuí yo quien te enseñó a volar,
quien te dio el 'tú puedes'
que tanto necesitabas.

Perdidos en el abismo
de un sentimiento obsoleto,
no queda más que decir:
¡ya no serás mi amuleto!

4

5

Si tu vida fuera un navío que en alta mar viaja
déjame ser agua salada que en tu madera se calma.

Si algunas vez entre mis besos te sentiste mío:
vuelve, por favor, no te vayas todavía.

Corren las mariposas, y vuelan las arañas,
el mar sabe dulce, los ríos salados y el viento mojado.

¡Ay, amor mío, sigo tan loco por no estar a tu lado!

Busco tu calor, tu brillante figura,
la tierna sonrisa y la mirada futura.

Quiero ser el manantial de tus pensamientos,
regalarte mi vida y en tu alma quedar preso.

Me quitaste la tristeza, me contagiaste con tu alegría:
¿por qué te fuiste tan lejos con tanto que te quería?

Soy hombre de tierra y trabajo forzado,
alma en el viento que brota
desde el manantial de mis sentimientos,
fuerza inquebrantable que rompe la rutina del presente.

Soy hombre de corazón que trata de aliviar el dolor ajeno,
más el mío no sé cómo calmarlo.
Soy ave de paso que vuela sin parar,
tratando de buscar nido donde quedar.

Soy hombre de paz, a la vez terremoto
de mis impulsos y huracán de mis pensamientos
que rompe con la falsedad del hipócrita y el necio,
marcando la diferencia con el estilo de mi raza.

6

7

Me toca amarte desde lo lejano,
allá donde le suplico al viento con desvelo
estar en la calidez de tu existencia.

El mar, tan rebosante con sus olas,
arrastra mis pedidos y se los lleva,
esperando que escuche mis súplicas.

Mi deseo por ahogarme entre tus besos
y tu dulce mirar quedan a la expectativa.

Anhelo tímidamente ver el amanecer
despertándote entre mis brazos,
escuchar la brisa tenue del norte
arraigada a los sueños que invaden mi mente
solo por quererte, solo para ser feliz.

Siento tu amor tan cerca en lo lejano:
me hace comprenderte, aprender a amarte
y encontrar, pacientemente, la tranquilidad de tenerte.

Buscaré incesante la dulce melodía que engalane nuestras días,
buscaré tus sueños para juntos amarnos para toda la vida.

Soy tan libre como el centro de tu corazón que late
y a mi lado se enciende junto a la lluvia que embate.

Estaré de guardia en tu silencio:
aunque no lo prefieras, no me arrepiento.

Y si me llamas a lo lejos, de lo lejos volveré corriendo,
no importa si me ahogo o vuelvo sediento,
soy tan tuyo como de nadie y de la nada siempre vuelvo.

Podrá la muerte alcanzarme;
cerrar, quizás, mis ojos podrá;
pero jamás podrá arrancar el sentimiento puro
que te regalé en esa noche,
donde mis manos te tocaron y luego mis labios
abrazaron la razón por la cual vivo.

Soy hombre que te ama con virtudes y defectos,
no me hagas a un lado.

Podrá romperse la luna en mil pedazos,
podrá el sol quedar derretido,
que yo a tu lado me quedo, aunque resulte herido.

Cerrar, quizás, mis ojos podrás, pero volverán a resurgir,
¿por qué no lo comprendes,
si fueron tuyos y tuyos serán para siempre?.

8

9

Llueve suavemente esta noche y mi voz ausente,
que no logra decir una sola palabra, te extraña profundamente.

Se acelera mi pulso al sentir tu voz, aún estando tan lejos.
Amanece y el sol, asomado en mi ventana,
me avisa que empieza un nuevo día.

Asimilando tu ausencia, caigo nuevamente
sobre la gravedad de mis pies, que caminan sin rumbo.

Las rosas, empapadas por la lluvia,
empiezan a florecer esta mañana
con una belleza inverosímil,
desafiante, para cautivar atenciones:
mientras las observo recuerdo tu nombre,
me pongo a soñar libremente
y, luego, despierto susurrándole mi amor al viento.

El agua encarcela mis tristes pensamientos,
suavemente refresca mis tensiones.

No hay un vacío: solamente estás lejos.

Estoy renuente a creer que no estás,
pero sé que volverás y te estaré esperando.

Ya encontraré la quietud al final de las sábanas blancas,
donde en este momento me acostaré a soñarte nuevamente,
esperando que, al abrir mis ojos,
sea tu sonrisa lo primero que encuentre.

Perdone mi impaciencia:
usted, que amarga mis días
con su pálida tranquilidad,
hoy le digo adiós, ya no quiero más.

Usted, que no me deja disfrutar
de la lluvia en primavera,
váyase tan lejos, tanto como pueda,
que un hermoso futuro me espera.

Hoy la vida me da su vino,
el mejor de la casa.
Y no será usted quién rebote la copa
con sus locuras que atrasan.

Ya no quiero sus inventos,
ni molestias, ni pretextos.
Salga de mi vida, no he de soportar
sus delirios ni sus cuentos.

Perdone usted: se acabó mi agonía,
voy paso a paso sin su mala compañía.

Perdone usted, voy de salida.

10

11

La espera se hizo costumbre y, ahora,
para que tu amor me deslumbre,
debe ser romántico, poco avaricioso
y con carácter un poco contagioso.

La monotonía no forma parte de mi poesía
ni es palabra en mi vocabulario,
simplemente es un término que guardo en el armario.

No quiero lo mismo, solo algo
que alimente mi mente,
cosas raras, algo extrañas,
que logren asombrar mi alma.

Y si fuera tanto lo que pido,
no tardes mucho:
busca a Cupido a ver si te da la mano,
porque en esta tierra lo que te sale fácil
termina siendo caro.

Voy en busca de mi sueño
y de alguien que le guste soñar;
y, más allá de todo eso, busco la oportunidad
de encontrar mi alma gemela,
con locuras y ocurrencias sencillas, nada más.

Noches vacías sin sueños, tristemente vacías.
Música tenue que va diluyéndose sin fin.

Sospecho de una visita poco deseada:
es amarga su sombra y desea poseer mi alma.

A poco escucho la voz que me habla desde el interior:
mudas sus letras que gritan sin ánimos de darme calor.

Camino tratando de encontrar los sueños perdidos,
a lo lejos veo una imagen que se desvanece
sin aún lograr alcanzarla, aspirando a ahogarme en suspiros,
en deseos expresados que, sin darme cuenta, se llevó.

Culpa del día el no poder llenar mis noches,
pobreza interior que me consume.

Viciado el deseo de la esperanza,
poco inspirada en regresar a mis cansados brazos.

12

13

Lo que fue mi niñez: un suplicio diría yo,
marcado por las tinieblas de la vida insolente
que amarraba mi niñez en el vacío
de la impúdica ignorancia del ser humano.

No hubo cura para este mal que fue pasando
de mi piel a la adultez de mis días y,
como si fuera poco, sufro todavía
la ira descontrolada de esos recuerdos.

Sutilmente se deshojaba mi inocencia,
que caía en las sucias manos de mi opresor,
quien me cubría con golpes
e injusticias cometidas a su razón.

Saturaba mis días como si fuera un preso,
marcaba mi piel con moretones hechos
por su insostenible rabia.
Su falsa visión de educación
consistía en maltratos e insultos,
y los quebrantos del débil
e inocente sueño de mi pequeña vida.

Su corrupta personalidad no le permitía
comprender el error de masticar con dolor
la ternura e inacción con la que podía
responder a mi corta edad.

La pesadilla de vivir cautivo con el diablo
fue tan fuerte que lograba refugiarme entre mis brazos:
hallar el calor en ellos me hizo aguantar
hasta salir de ese infierno.

Salía en las mañanas agarrado de su mano,
abrazado a su hombro repetía con cariño
la frase única de cada día: ¡te amo!.

Las tardes se convertían en las historias de nuestras vidas,
completando y complementando la risa con la magia del entorno.
La felicidad era más que un simple palabra,
era prudencial hacerla crecer cada momento.

Los sueños se convertían en planes y de planes en realidad,
respuesta que dábamos a cualquier ilusión que se nos presentaba.
Los problemas de gran magnitud se acortaban en menudos pedazos,
no era imposible hacerlo en su compañía.

Las noches se convertían en fieles testigos
de nuestras innumerables travesuras de amor
y la luna, nuestra gran confidente, alumbraba sin parpadear:
ni siquiera las nubes se atrevían a opacar los momentos
más románticos que se producían en ese instante.

La saturada sordidez de la sociedad ignorante
revolcaba a su paso, con obscenos pensamientos,
la alegría de quiénes sentíamos amor propio
y éramos capaces de compartirlo, con devoción, a quienes lo necesitaban.

Aún así, nunca nos hicieron perder el interés por seguir
con lo que siempre nos prometimos: estar juntos hasta el final.

14

15

Caminaba por un sendero desierto
donde solo se podía sentir el sonar de las hojas de los árboles,
el ulular del viento que puja en las montañas,
el dulce silbido de los pájaros y el agua
del manantial que sucumbe entre las rocas.

Allí, junto a toda la belleza que la naturaleza
derrochaba en su máximo esplendor, aproveché para inspirarme,
abrigado con la alegría del zunzuncito que revuela a mis espaldas,
de las flores que adornan el lugar.

La imagen estimula cualquier mirada,
logra transmitirme paz y comprendo, con tranquilidad,
el sentir de la tierra que hoy sufre la crueldad
conque es socavada por el hombre,
su verdadero opresor, derramando mis lágrimas.

En ella tengo la confianza de entregar
mi alma a sus encantos exacerbados,
que alivian el dolor más profundo,
dándonos una lección de amor.

Me alejaré del dolor latente de tu presencia,
teñiré mis cielos del color del vino
y viviré en el recuerdo de tu amor a medias.

Volaré tan lejos para que tu recuerdo no me alcance,
gritaré tan alto, hasta quedarme sin voz,
para no poder repetir tu nombre.

No mentiré al cielo que aún te amo,
pero amor que con nostalgia se vive
fracasos en él se perciben.

16

17

Siento un gran vacío, añoro a cada instante lo que fue y ya no es,
lo que un día logré con tanto sacrificio y escapó
como lluvia que cae y se evapora con el sol que hoy me abruma,
callando en el silencio de mi triste soledad.

Recaen nuevamente mis esperanzas de volverte a tener,
de llenarte de mimos y reconstruir las ilusiones que tenía
cuando con tus caricias llenabas mi vida de alegrías,
impulsadas por la mágica y avivante llama de tu amor.

Hoy el dolor por tu partida queda latente en mi mente,
sin poder digerir esta amargura que, sin motivos,
alimenta la desdicha y la desilusión
en este corazón que muere por ti.

Bastaron solo palabras para romper mi vida en pedazos,
para hacer que la soledad formara una mezcla de infierno
sin total regreso a las ganas de volver a amar.

Qué triste este gran vacío que hoy no me permite seguir adelante;
la desmotivación forma parte de mi día a día y, lo más doloroso,
es que solo me queda recordar lo que fue y ya no es.

El desvelo estremece mi hastío y endurece
esos inmensos deseos de poder soñarte.
Yo, tan ebrio de libertad, caigo en la fatiga del desconsuelo
y me abraza la melancolía de esos tristes recuerdos.

Pero aún así, libre y no tan libre,
logro rasgar la profundidad de mi mente
y noto que fue ayer cuando te abracé
y que, con suspiros adyacentes, logré salir de tus brazos
con espinas en el alma, rompiéndome en pedazos.

En el afán de quererte olvidé quererme,
y ahora sufro las consecuencias
de ignorar mi error producto del insomnio.

Pero, entre sollozos temporales,
vas quedando en el pasado,
por que así lo quisiste y así lo he decidido.

18

19

Conozco de ausencias y destierros,
de sacrificios y soledades;
quizás hasta el precio de la vida que encarno
en este cuerpo débil lleno de matices,
pocos buenos, ante la multitud que me rodea.

No es mi piel capaz de guardar en heridas un sentimiento débil,
ni fragmentos de risas o carcajadas:
todo va en mi alma, cosechandolas quizás para otras vidas,
otras donde el mar solo cargue esas desgracias.

Una paloma blanca cruza mi cielo,
el mismo que ya he visto llenarse de estrellas fugaces
compartidas con amores, también fugaces,
donde amanecía abrazado no solo a un cuerpo
sino a otra alma dispuesta a recorrer mundos diversos.

Algunas veces lloré por las vicisitudes del mal tiempo,
a veces reía sin parar sobre mi desgracia, parecía un loco,
pero la risa tenía mucho de mi dolor y de mi espanto.

Así aclamaba a mi muerte, la misma muerte, mi muerte anhelada,
sin saber que guardaba pedazos de almas encadenadas.
Así es el mundo, mi mundo, tu mundo, el mundo de todos:
somos almas que van de lo sublime a lo profundo.

¿Qué importa si me amas con tantos años de más?
Yo busco la ternura rara, el canto que ya no ha de parar.

Busco el sueño de un hombre curtido de tiempo.
Busco el manto que ya sabe cobijar; busco el alma,
y qué me importa si tiene unos cuantos años de más.

Busco su sonrisa plena, su verbo refinado;
el abrazo que fortalece, su mirada fija,
el sentir de su ser sobre mis manos.

¿Qué importa si me hablan de sus carencias;
qué más puedo saber yo, que me interese,
si no es este amor que se me ofrece tan límpido y puro?

¿A quién le importa si a usted yo le amo
con tantos años de más?

20

21

Quizás los recuerdos que perturban mi mente
son los que no me han permitido caminar con firmeza en el presente.
Son dolores del pasado que se adhieren a mi realidad
sin dejarme respirar,
quitándome la poca vida que me queda,
haciéndome lamentar aquellos momentos
en los que hice cosas que no debería haber hecho
o, simplemente, haberlos dejado atrás. ¿Qué puedo hacer?
¿De qué vale arrepentirme a estas alturas,
si ya no hay alternativas para sanar
esas macabras peripecias de mi vida?
Vivo cautivo en una cárcel sin aparente rumbo.
No sé cuál será el camino que me quede
por recorrer en este mundo que crece
y juzga sin dar una mínima oportunidad a la defensa,
corriendo el riesgo de quedar enterrado
entre pensamientos que me llenan solo de desdichas.
Busco el consuelo entre lágrimas para poder sobrevivir.
Cae la lluvia y refresca el ambiente tóxico
que me lleva al borde de la locura con sus exagerados reproches.
Camino con la cabeza gacha y adolorida,
llevando a cuestas las consecuencias del trabajo de tantos años,
esperando la muerte con la zozobra de mis días.
Quizás nadie se dé cuenta de que dejaré de existir,
soy tan transparente que solo a los gusanos
les pareceré interesante.
Escucho las hojas de los árboles sonar con el viento impetuoso
y el agua de los ríos que corren sin parar:
la dulce melodía que un pobre viejo como yo
pueda escuchar para estar en paz.
La noche estafa con ironía mis sueños de poder alcanzar el día,
me lastima con puñales dejando vacío
el amanecer que apenas comienza.
Lloran las flores silvestres a la par de mis desvelos,
censurando la tímida risa que logro regalar a mi espejo,
manchado como yo por el tiempo.

Armando Leyva Chorens (Holguín 1998)
es un joven escritor cubano que reside
actualmente en la ciudad de Miami y este libro
es su ópera prima en el mundo editorial.

COLECCIÓN
NUEVAS VOCES

BRIGHTSTARS
PUBLISHING & MEDIA

www.ingramcontent.com/pod-product-compliance
Lightning Source LLC
Chambersburg PA
CBHW040034110426
42741CB00030B/24